우리는 나라를 잃었습니다.
그것이 끝은 아니었습니다.

되찾은 우리나라
대한독립 만세

이현 글 | 박지윤 그림

8·29 한일병합

1910년 8월 29일, 우리는 나라를 빼앗겼습니다.
조선도, 조선을 이어받은 대한 제국도 사라졌어요.
일본은 총독부●를 세우고 조선의 주인 행세를 시작했어요.

"이제 조선의 산도, 하늘도, 바다도 모두 우리 일본 것이야!"

● **총독부** 주권을 빼앗긴 식민지를 다스리기 위해 설치한 최고 행정 기관.

일본은 조선인들에게 억지를 부리기 시작했어요.

"이 땅이 당신 땅이라는 증거를 대라!"

조선인들은 몹시 당황했어요.
부모님의 부모님의 부모님 때부터 농사지어 온 땅이었어요.
오랫동안 함께 살아온 마을에서는 땅의 주인을 서로 알고 있었어요.
증거 같은 건 생각해 본 적이 없었어요.

그런데 일본은 증거가 없다는 걸 빌미로 삼아
조선 사람들의 땅을 빼앗았어요.
땅 주인이 증거를 대더라도 갖은 트집을 잡아
거저나 다름없는 헐값에 땅을 사들였고요.
많은 사람이 쫓겨나듯 고향을 등지고 조선을 떠났어요.
만주로, 더 멀리 연해주까지 가야 했습니다.

1919 대한 독립

조선 사람들은 나라 잃은 설움에 울었습니다. 분노했습니다.

일본인들에게 빼앗기고 무시당하고 짓밟히고, 이렇게 살 수는 없었어요.

가만히 앉아서 당할 수는 없었습니다.

농민도, 노동자도, 학생도, 젊은이도, 노인도, 여자도, 남자도,

스님도, 목사님도, 천주교를 믿는 사람도, 천도교를 믿는 사람도,

멀리 일본에서 공부하던 학생들도, 만주에서 농사짓던 할머니도 한마음이었어요.
마침내 1919년 3월 1일, 탑골 공원에서 조선인의 함성이 터져 나왔습니다.

"대한 독립 만세! 만세! 만세!"

탕! 탕! 탕!

일본 경찰은 조선인들에게 총을 쏘았습니다.

무기도 없이 맨몸으로 만세를 부르던 조선인들은 총탄에 쓰러지고,

일본 경찰의 손에 끌려갔어요.

방방곡곡에서 셀 수 없는 사람들이 독립 만세를 외쳤고,

수천 명의 사람들이 목숨을 잃었어요.

다친 사람도, 감옥에 갇힌 사람들도 많았지요.

대한민국 임시 정부

조선 사람들은 굳은 마음을 확인했어요.

비록 땅을 빼앗겼을지라도 조선의 마음은 잃지 않았어요.

조선 사람들은 중국 상하이에서 조선인의 나라를 다시 세웠습니다.

"대한 제국의 '대한'을 이어받아, 이제 국민이 주인 되는 나라,

대한민국 임시 정부의 탄생을 온 세계에 알리노라!"

김구 선생이 이끄는 대한민국 임시 정부는
이봉창 열사를 보내어 일왕을 없애려 했어요.
윤봉길 의사는 도시락 폭탄을 던져 일본군에게 큰 피해를 입히기도 했지요.
만주와 연해주에서 일본에 맞서 싸우는 독립군도 있었어요.
독립군을 길러 내는 신흥 무관 학교도 있었지요.
김좌진 장군은 청산리 대첩에서 일본군에 큰 승리를 거두기도 했어요.

이봉창 열사

윤봉길 의사

김원봉이 이끄는 '의열단'도 목숨 걸고 일본에 맞섰어요.
조선이나 일본에 숨어 들어가서 경찰서를 습격하거나
조선인을 괴롭히는 일본인을 공격했어요.
노동자들도 뜻을 모아 파업을 하고 일본 경찰과 맞서 싸웠어요.
같은 일을 해도 일본인보다 훨씬 적은 돈을 받는 차별에 항의한 거지요.
평양의 고무 공장에서 일하던 강주룡은 홀로 을밀대에 올라
조선 노동자의 목소리를 온 세상에 알렸습니다.

조선의 말과 글을 지키는 학자들도 있었습니다.

"말은 우리의 영혼입니다!
비록 나라는 잃었으나 우리의 말과 글은 우리가 지켜야 합니다!"

조선어를 연구하는 조선어 학회의 학자들은 《조선어 사전》을 만들기 시작했어요.
하지만 일본 경찰의 방해로 《조선어 사전》을 책으로 만들지는 못했어요.
일본은 조선인의 말과 글을 없애려 했어요.
조선말도, 한글도 쓰지 못하게 했지요.
조선인에게서 조선인의 마음을 빼앗으려 했던 거예요.

"아시아는 하나다! 서양에 맞서 단결해야 한다!"

일본은 그렇게 주장했어요.
일본, 한국, 중국 그리고 그 밖의 아시아 나라들이 힘을 모아
서양에 맞서자는 뜻이었어요.
하지만 그건 자신들의 욕심을 포장한 거짓말이었지요.
사실은 아시아를 몽땅 차지하고 다른 아시아 사람들을
일본의 노예로 삼으려는 속셈이었습니다.

일찍이 서양 기술을 받아들인 일본군은 강했습니다.
조선만이 아니라 타이완, 필리핀, 말레이반도, 싱가포르, 미얀마를 점령했어요.
멀리 남태평양의 뉴기니, 과달카날섬을 차지하고 오스트레일리아까지 위협했어요.
중국도 야금야금 집어삼키고 있었어요.

일본은 조선의 이름마저 빼앗으려 들었어요.

"조선인은 모두 창씨개명을 하라!"

창씨개명이란 조선 이름을 일본식으로 바꾸는 거예요.
조선인들은 우선 일본 이름처럼 성을 두 글자로 만들어야 했어요.
자기 성 뒤에 한 글자를 덧붙이는 사람들이 많았어요.
'김석원(金錫源)'이 '가네야마 샤쿠겐(金山錫源)'이 되는 거지요.
이름 두 글자 중에서 한 글자를 일본식 이름에 어울리는 글자로 바꾸기도 했고요.

전혀 다른 이름으로 바꾼 사람들도 있었어요.
친일 작가 이광수는 일본의 산 이름으로 성을 바꾸고,
'광' 자 뒤에 일본식 이름을 붙여서 '가야마 미쓰로'가 되었어요.
일본은 조선인에게서 나라를 빼앗고, 말과 글을 빼앗고,
마침내 이름까지 빼앗았어요.
그리고 조선인의 목숨까지 앗아 가고 있었습니다.

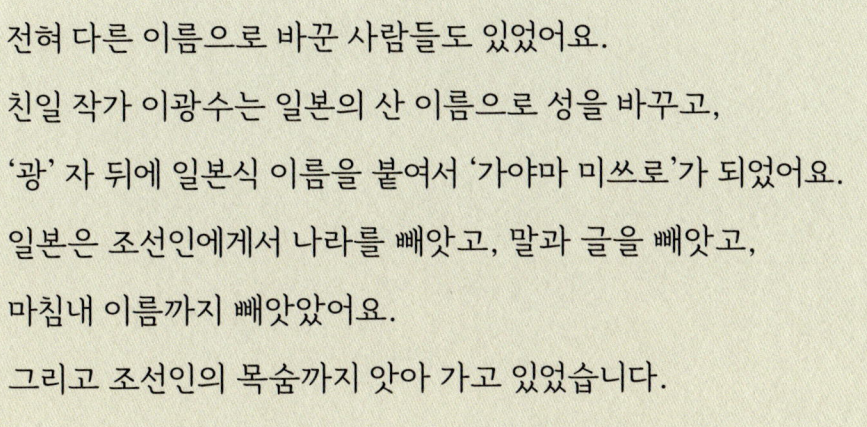

세계는 전쟁에 휩싸여 있었어요.
독일이 폴란드를 공격하자, 영국과 프랑스가 독일에 맞서 싸웠어요.
일본은 이탈리아와 함께 독일과 같은 편이었지요.
그런데 일본이 미국 땅인 하와이 진주만을 폭격하자
미국이 전쟁에 뛰어들었어요.

"우리 미국도 영국 편에서 싸우겠다!"

온 세계가 두 편으로 나뉘어 서로 총을 겨누는 큰 전쟁이었어요.
영국을 비롯한 연합국˙에 속한 나라는 모두 49개,
독일과 일본을 비롯한 동맹국에 속한 나라는 8개였어요.

● **연합국** 제2차 세계 대전 때 일본, 이탈리아, 독일이 맺은 3국 동맹과 그를 지지한 나라에 대항해 싸운 미국, 영국, 소련을 비롯한 여러 나라를 통틀어 이르는 말.

일본은 조선인들을 그 전쟁으로 끌고 갔습니다.

젊은이는 물론 어린 학생들까지 빗발치는 총탄 속에 던져졌어요.

일본이 일으킨 전쟁에 조선인이 총알받이가 되어야 했어요.

'위안부'라는 이름으로 조선의 소녀들까지 전쟁터로 끌고 갔어요.

전쟁에 지친 일본 병사들을 즐겁게 해 주라는 거였어요.

그러다 쓸모가 없어지면 소녀들을 버리고 떠나거나

심지어 해치는 일도 있었어요.

무기를 만들거나 비행장을 세우는 일꾼으로 끌고 가기도 했어요.

일한 대가를 받지 못하는 것은 물론이고,

제대로 먹지도 쉬지도 못한 채 노예처럼 일하다

다치거나 죽는 사람도 많았어요.

조선에 남은 사람들도 전쟁으로 고통받았어요.
학교는 더 이상 공부를 하는 곳이 아니었습니다.
학생들은 학교에서 일본군을 위한 물건을 만들거나
병사들처럼 훈련을 받았어요.
병사들을 먹여야 한다며 식량을 빼앗고,
무기를 만든다며 쇠로 된 그릇까지 빼앗아 갔지요.
일본에 맞섰다가는 무슨 일을 당할지 몰랐습니다.
'독립'이라는 말을 입에 담는 것만으로
감옥에 갇히는 것은 물론 목숨을 잃을 수도 있었어요.

그런데 혼자만 잘살겠다고 일본에 빌붙는 사람들도 많았어요.
그런 사람들을 '친일파'라고 해요.
일본이 조선을 집어삼키는 데 협조한 사람들,
일본 경찰이나 총독부에서 일하며 조선인을 괴롭힌 사람들,
일본에 큰돈을 바친 사람들, 독립운동을 방해한 사람들,
그리고 일본을 찬양하는 데 앞장선 사람들도 있었어요.
이광수나 최남선처럼 한때 큰 사랑을 받던 작가들이
일본과 일왕을 찬양하는 글을 쓰기도 했어요.
일본군이 되어서 일왕을 위해 목숨을 바치라고
어린 학생들을 부추기는 글을 쓰기도 했지요.

하지만 그 어떤 시련에도 독립의 꿈은 사그라들지 않았어요.
대한민국 임시 정부는 마침내 광복군을 세웠어요.
아직 병사는 얼마 되지 않지만, 우리의 힘으로 우리 땅을 되찾을 준비를 시작했어요.
중국군과 함께 일본에 맞서 싸우는 조선 의용대도 있었어요.
조선에서 독립을 외치는 건 더욱 힘든 일이었지만
독립을 위한 싸움은 계속되었어요.
고문을 받아도, 감옥에 갇혀도, 그러다 병들고 죽어 가더라도
끝내 일본에 맞서 싸우는 사람들이 많았어요.
제아무리 밤이 깊다 해도, 분명 태양은 떠오르고 있었습니다.

시인 이육사와 윤동주는 독립을 꿈꾸는 시를 썼습니다.
이육사 시인은 의열단의 한 사람으로 싸우기도 했어요.
그러다 일본 경찰에 잡혀 베이징의 차디찬 감옥에서
세상을 떠나고 말았지요.

윤동주 시인도 독립을 꿈꾸었다는 이유로 일본 경찰에 끌려가
후쿠오카의 감옥에서 그만 목숨을 잃었어요.
하지만 시인의 노래는 그때도, 지금도 우리 곁에 머물고 있어요.

죽는 날까지 하늘을 우러러
한 점 부끄럼이 없기를,
잎새에 이는 바람에도
나는 괴로워했다.
별을 노래하는 마음으로
모든 죽어 가는 것을 사랑해야지.
그리고 나한테 주어진 길을
걸어가야겠다.

오늘 밤에도 별이 바람에 스치운다.

― 윤동주, 〈서시〉

마침내 전쟁이 끝을 향해 갔습니다.
먼저 독일과 이탈리아가 연합국에 항복했어요.
일본도 궁지에 몰려 있었어요.
미국은 물론 소련까지 일본을 공격하기 시작했어요.

"우리 일본에게 항복은 없다!
후퇴할 바에는 차라리 그 자리에서 목숨을 바쳐라!"

● **소련** 옛 러시아와 유럽 동부에 걸쳐 15개의 공화국으로 이루어진 최초의 사회주의 연방 국가.

일본은 더욱 지독하게 굴었어요.
조선인은 물론 자기 나라 국민들의 목숨마저 함부로 내던졌어요.

"가미카제 특공대가 나서야 할 때다!"

가미카제 특공대는 폭탄이 실린 전투기를 몰고 가서
미군의 큰 배에 그대로 뛰어드는 거였어요.
스스로 폭탄이 되어 목숨을 내던지는 일이었지요.

"저렇게 발악하는 것을 보니 더 이상 방법이 없는 모양이오."
"일본의 패망이 멀지 않았소!"

조선 땅 곳곳에서 은밀한 소문이 퍼져 나갔어요.
새벽하늘 저편에서 어스름한 빛이 퍼져 오는 것 같았지요.

"독립의 날을 준비해야 하오!"

여운형 선생을 비롯한 사람들은 '건국 동맹'을 만들었어요.
건국, 그러니까 나라를 세울 준비를 하는 모임이었지요.
건국 동맹은 지역마다, 또 하는 일마다 모임을 만들었어요.
'농민 동맹'도 있고, '노동자 동맹'도 있고, '학생 동맹'도 있었어요.

이제 그날을 기다리는 일만 남아 있었습니다.

쿠와와왕!

일본 히로시마에 원자 폭탄이 떨어졌습니다.

며칠 뒤 나가사키에도 폭탄이 떨어졌어요.

지금껏 누구도 본 적 없는 무시무시한 폭탄이었어요.

단 하나의 폭탄으로 단숨에 도시는 잿더미가 됐어요.

수십만의 사람들이 목숨을 잃었습니다.

폭탄은 사람을 가리지 않았어요. 잘잘못을 따지지도 않았어요.

전쟁에 앞장섰던 일본인, 일본군, 일본 경찰…….

보통의 일본 사람들도, 어린이들도, 그리고 동물들도요.

그곳까지 끌려가 있던 조선인들마저 일본인들과 함께 희생되었어요.

죄 없는 사람들의 목숨을 헛되이 빼앗은 뒤에야 일본은 무릎을 꿇었어요.

일왕 히로히토가 라디오 방송을 통해 무조건 항복을 선언했어요.

마침내 제2차 세계 대전이 끝났습니다.

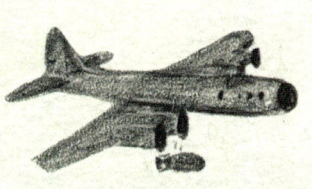 8.6 히로시마 1945 8.9 나가사키

"만세! 만세! 대한 독립 만세!"

사람들은 손에 손에 태극기를 흔들며 온 거리를 누볐어요.
숨겨 둔 태극기를 꺼내 든 사람들도 있고,
하얀 천에다 태극기를 그린 사람들도 있었어요.
신날 때 두드리던 징도 꽹과리도 일본에 빼앗겼지만,
냄비라도 두드리며 춤추고 노래했지요.

대한 독립   1945

마침내 그날이 왔습니다.
해방의 날,
조선의 말과 글을 되찾은 날, 조선의 땅을 되찾은 날,
모두가 자유를 되찾은 날이었습니다.

8·15 해방의 날

나의 첫 역사 여행

상하이 임시 정부

대한민국 임시 정부

중국 상하이 지하철 10호선 신천지역 근처에 우리 독립운동의 흔적이 남아 있어요.
3·1 운동이 끝나고 독립을 선언하며 나라를 선포한
대한민국 임시 정부가 있던 곳이지요.
'대한민국 임시 정부'라는 한글 간판도 걸려 있답니다.

중국 상하이에 있는 임시 정부 청사

임시 정부 청사의 한글 간판

원창리 13호

지금은 중국의 평범한 주택처럼 보이지만,
상하이 원창리 13호는 우리에게 뜻깊은 곳이에요.
일본군에게 도시락 폭탄을 던진 윤봉길 의사가
임시 정부의 김구 선생과 마지막으로 아침 식사를 함께 한 곳이지요.
윤봉길 의사가 도시락 폭탄을 던진 훙커우 공원도 상하이에 있어요.

훙커우 공원에 세워진 윤봉길 의사 기념관

상하이 원창리 13호

김구 선생과 윤봉길 의사

영경방 10호

대한민국 임시 정부를 이끌었던 김구 선생은
'나의 소원은 첫째도 대한 조선의 독립이요,
둘째도 대한의 독립이요,
셋째도 대한의 완전한 자주독립'이라고 했어요.
김구 선생이 살았던 영경방 10호는 작은 기념관으로 만들어져 있습니다.

상하이 영경방 10호

나의 첫 역사 클릭!

잊어서는 안 될 이름들

서대문 형무소 역사관에는 5000명의 수형 기록표가 빼곡하게 붙어 있는 방이 있어요.
일제 강점기 동안 독립운동을 하다 서대문 형무소에 갇혔던 분들이에요.
3·1 운동에 앞장섰던 유관순 열사를 비롯해 우리가 절대 잊어서는 안 될 이름들이지요.
교사, 학생, 농부, 상인, 노동자, 사업가, 의사, 간호사, 승려, 옥사, 마차꾼, 고물상……
심지어 일본을 위해 일하는 척하며 남몰래 독립운동을 도운 사람들도 있었어요.
어른들만이 아니었어요.
아직 10대인 소년 소녀들도 수백 명이나 되었어요.

서대문 형무소 역사관 입구

서대문 형무소 11옥사 외관

남자도 있고, 여자도 있었지요.
3·1 운동으로 잡혀 온 사람만 3020명이고요.
이후에도 많은 사람이 독립을 위해 싸우다 서대문 형무소에 갇혔어요.
독립운동가들은 일본 경찰에게 모진 고문을 당하다 서대문 형무소에 갇혔고,
힘든 형무소 생활을 견디지 못하고 목숨을 잃은 사람도 많았어요.
하지만 독립을 위한 싸움은 계속되었고,
덕분에 오늘날 우리는 당당한 우리의 나라를 갖게 되었어요.
이렇게 우리의 말로 글을 쓰고 읽게 되었습니다.

서대문 형무소 역사관의 수형 기록표 전시실

유관순 열사의 수형 기록표

글 이현

세상 모든 것의 이야기가 궁금한 동화작가입니다. 우리나라 곳곳에 깃든 이야기를 찾아 어린이들의 첫 번째 역사책을 쓰고 있습니다. 그동안 《짜장면 불어요》, 《로봇의 별》, 《악당의 무게》, 《푸른 사자 와니니》, 《플레이 볼》, 《일곱 개의 화살》, 《조막만 한 조막이》, 《내가 하고 싶은 일, 작가》 등을 썼습니다. 제13회 전태일 문학상, 제10회 창비좋은어린이책 공모 대상, 제2회 창원아동문학상 등을 받았습니다.

그림 박지윤

세상에 펼쳐진 각양각색의 이야기에 자기만의 색깔을 입혀 그림을 그릴 때 행복한 그림작가입니다. 대학에서 국문학을 공부했고, 한국일러스트레이션학교에서 그림을 공부했습니다. 쓰고 그린 책으로 《돌부처와 비단 장수》, 그린 책으로 《책 깎는 소년》, 《진주성을 나는 비차》, 《조선의 여전사 부낭자》, 《나의 첫 한자책 1·2·3》, 《하나 된 나라 통일 신라》, 《슬픈 노벨상》 등이 있습니다.

나의 첫 역사책 18 — 되찾은 우리나라 대한 독립 만세

1판 1쇄 발행일 2020년 11월 25일 | 1판 11쇄 발행일 2025년 9월 22일
글 이현 | **그림** 박지윤 | **발행인** 김학원 | **기획** 이주은 박현혜 | **표지·본문 디자인** 유주현 박인규
저자·독자 서비스 humanist@humanistbooks.com | **스캔** (주)로얄프로세스 | **용지** 화인페이퍼 | **인쇄** 삼조인쇄 | **제본** 정민문화사
발행처 휴먼어린이 | **출판등록** 제313-2006-000161호(2006년 7월 31일) | **주소** (03991) 서울시 마포구 동교로23길 76(연남동)
전화 02-335-4422 | **팩스** 02-334-3427 | **홈페이지** www.humanistbooks.com

글 ⓒ 이현, 2020   그림 ⓒ 박지윤, 2020
ISBN 978-89-6591-389-4 74910
ISBN 978-89-6591-332-0 74910(세트)

- 이 책은 저작권법에 따라 보호받는 저작물이므로 무단 전재와 무단 복제를 금합니다.
- 이 책의 전부 또는 일부를 이용하려면 반드시 저작권자와 휴먼어린이 출판사의 동의를 받아야 합니다.
- **사용연령 6세 이상** 종이에 베이거나 긁히지 않도록 조심하세요. 책 모서리가 날카로우니 던지거나 떨어뜨리지 마세요.